Melanie Bettner

Lapbooks: Sozialkompetenz und Klassenklima

Praktische Hinweise und Gestaltungsvorlagen für Klappbücher zum Thema Arbeits- und Sozialverhalten

PERSEN

Die Autorin

Melanie Bettner ist Diplom-Pädagogin, diplomierte Legasthenie- und Dyskalkulietrainerin, zertifizierte Konzentrations- und Verhaltenstrainerin sowie Lerntrainerin und Leiterin einer Lernpraxis.

Gedruckt auf umweltbewusst gefertigtem, chlorfrei gebleichtem und alterungsbeständigem Papier.

1. Auflage 2019

Grafik: Rebecca Meyer
sowie Julia Flasche (Arbeitspiktogramme), Alexandra Hanneforth (Klammer S. 25 und 41)
Satzpunkt Ursula Ewert GmbH (Bastelvorlagen)
Fotografie: Christian Breitsprecher, root.photography, Wölfersheim
Satz: Satzpunkt Ursula Ewert GmbH, Bayreuth

ISBN: 978-3-403-20154-0

www.persen.de

Was sind Lapbooks?

Ein Lapbook ist ein Klappbuch, eine kleine Mappe, die sich mehrfach ausklappen lässt und von den Kindern individuell gestaltet und ausgestattet werden kann. So passen zum Beispiel kleine Taschen, Faltbücher, Klapphefte, Drehscheiben, Leporellos, Bilder u. v. m. hinein. Durch das Gestalten ihres Klappbuchs können die Schüler[1] ihre Lernergebnisse durch Basteln, Schreiben und Ausarbeiten festhalten. Dies geschieht auf eine motivierende, kreative Weise und alle erzielen dabei ein eigenes Ergebnis. Jedes Lapbook ist individuell, keines sieht aus wie das andere. Die Kinder entscheiden selbstständig, wie sie mit erarbeiteten Informationen umgehen, und bringen dabei unterschiedliche Aspekte schriftlich und gestalterisch in ihr Buch ein.

Einsatz von Lapbooks im Unterricht

Lapbooks können in nahezu allen Fächern eingesetzt werden. Zusätzlich zum Deutschunterricht bieten sie sich zum Beispiel zu Themen des Religions- (Schöpfungsgeschichte, Abraham und Sara, Weihnachten), Mathematik- (Addition, Subtraktion, Längen) und Sachunterrichts (Jahreszeiten, Gesunde Ernährung, Tiere) an. Im Persen-Verlag sind bereits mehrere Lapbooks für verschiedene Fächer erschienen.

Zielsetzung

Die Kinder
- setzen sich intensiv mit dem Thema auseinander,
- verschaffen sich selbstständig Informationen,
- arbeiten individuell,
- arbeiten in Einzel-, Partner- oder Gruppenarbeit zusammen,
- dokumentieren und präsentieren ihre Ergebnisse,
- lernen und wiederholen die Inhalte.

Material

Bedingung für die Arbeit mit Lapbooks ist eine Vielfalt an Materialien. Ausgelegt werden sollten:
- Tonpapier, Tonkarton und farbiges Papier
- Lapbook-Vorlagen (mehrfach kopiert)
- kopierte Infokarten zu den Themen
- Musterklammern
- Klebestifte
- Stifte
- Scheren
- Bindfaden
- kleine Wäscheklammern

Vorgehen

Je nachdem, ob und wie Sie das vorliegende Material nutzen und erweitern möchten, sollte für jedes Kind am besten ein DIN-A3-Bogen Pappe oder festeres Papier zur Verfügung stehen.
Das DIN-A4-Format ist auch möglich, doch dann fallen die Lapbooks recht klein aus und die Kopiervorlagen müssen angepasst werden.
Die Seiten des in Querformat gelegten Pappbogens werden zur Mitte hin umgeklappt, sodass ein aufklappbares Buch entsteht. Nach oben und unten kann diese Grundform durch weitere klappbare Elemente erweitert werden.
In dieses Buch hinein basteln und gestalten die Kinder nun mit verschiedenen Elementen zum jeweiligen Thema. Das Deckblatt können sie frei gestalten oder Sie stellen den Kindern eine Vorlage zur Verfügung.

Differenzierung

Lapbooks bieten eine gute Möglichkeit zur Differenzierung, da jedes Kind sein Lapbook eigenständig und nach eigenen Vorstellungen, Fähigkeiten und Fertigkeiten gestaltet; auch die konkreten Inhalte kann es selbst bestimmen. Weiterhin gibt es sowohl einfache Vorlagen, die im Grunde nur ausgeschnitten werden müssen, als auch solche, die mit relativ viel Inhalt gefüllt

[1] Wir sprechen hier wegen der besseren Lesbarkeit von Schülern bzw. Lehrern in der verallgemeinernden Form. Selbstverständlich sind auch alle Schülerinnen und Lehrerinnen gemeint.

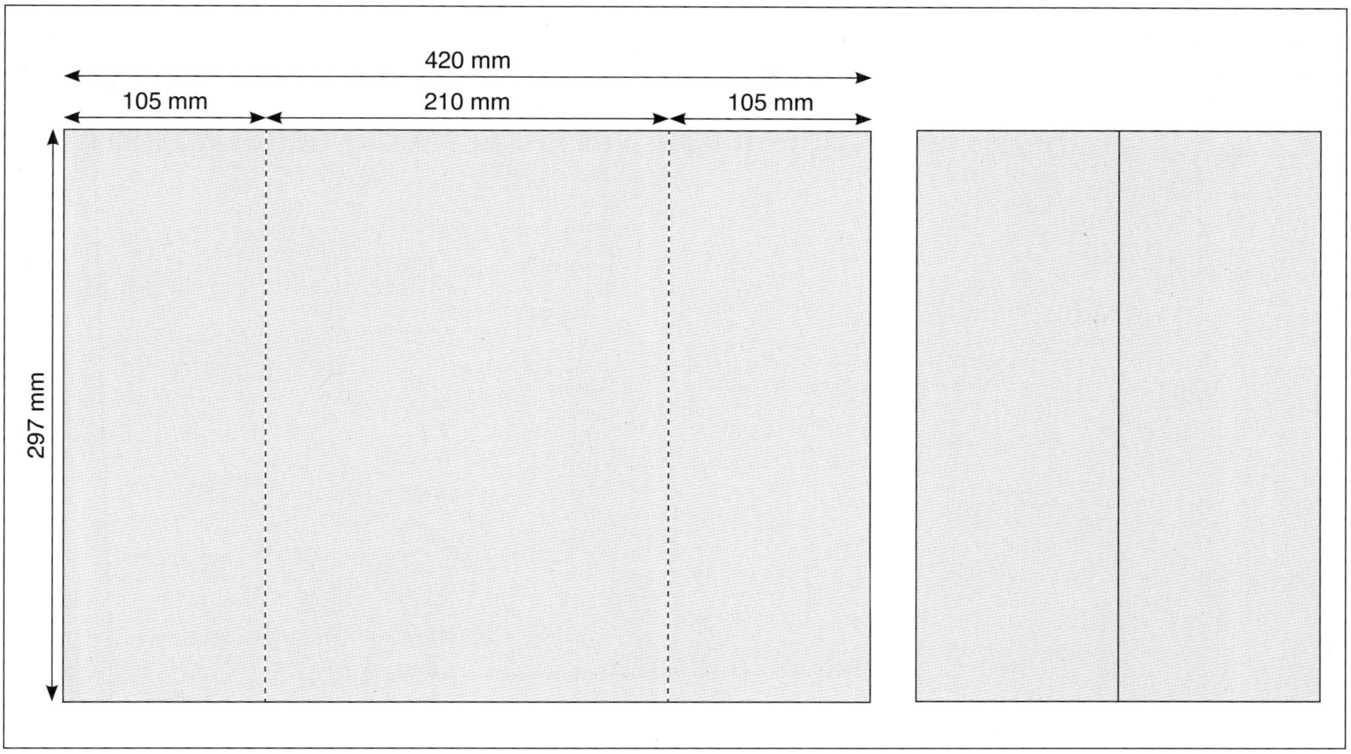

werden können. Des Weiteren bieten sich Lapbooks für Partner- oder Gruppenarbeiten an und sind somit besonders für inklusiv arbeitende Klassen geeignet. Kinder haben Freude daran, ihre fertigen Lapbooks der Klasse zu präsentieren, und sie wiederholen dadurch ganz nebenbei die Lerninhalte. Jedes Lapbook sieht anders aus und zeigt somit ein individuelles Lernergebnis, was die Präsentation und Besprechung mit der Klasse besonders abwechslungsreich und spannend macht.

Bewertung

Die Kinder erarbeiten sich die Inhalte des Themas selbstständig. Parallel zum Unterrichtsverlauf bietet es sich an, eine Tabelle anzulegen, die als eine Art Bewertungsraster verwendet werden kann. Ein Beispiel finden Sie auf Seite 69. Die fertigen Klappbücher können nach den Präsentationen eingesammelt und von der Lehrkraft als Portfolio der Arbeit genutzt werden.

Klassenstufen

In jüngeren Jahrgängen bietet sich eine behutsame Heranführung an die Arbeit mit Lapbooks an. Zu Beginn jeder Stunde können die Kinder mithilfe ihres Lapbooks die erarbeiteten Inhalte wiederholen. Eventuell kann in jeder Stunde eine kleine Anzahl an Lapbook-Elementen bereitgestellt werden. Dann werden die Aufgaben Schritt für Schritt erweitert – und somit entwickelt sich das Klappbuch im Laufe einer Unterrichtseinheit.
Zudem sollten in den Klassen 1 und 2 noch stärkere Vorgaben gemacht und konkrete Aufgabenstellungen formuliert werden; auch die (Sach-)Informationen werden von der Lehrkraft vorgegeben. Je mehr die Kinder mit der Methode Lapbook vertraut sind, desto freier können sie sich ein Thema erarbeiten, bis sie irgendwann nur noch Blankovorlagen erhalten und sich das Thema ganz eigenständig erarbeiten.
Grundsätzlich richtet sich die Vorgehensweise in höheren Klassen danach, über welche Erfahrungen die Kinder verfügen und ob sie sich selbstständig Informationen besorgen können (mithilfe von Büchern oder des Internets).

Male die Vorlagen für das Deckblatt an und schreibe deinen Namen auf die Linien.

Schneide die Vorlagen aus und klebe sie auf dein Lapbook.

Dieses Lapbook gehört:

____

____

Schneide die Vorlage aus und falte sie.

Klebe die Vorlage auf dein Lapbook.

So geht es mir gut!

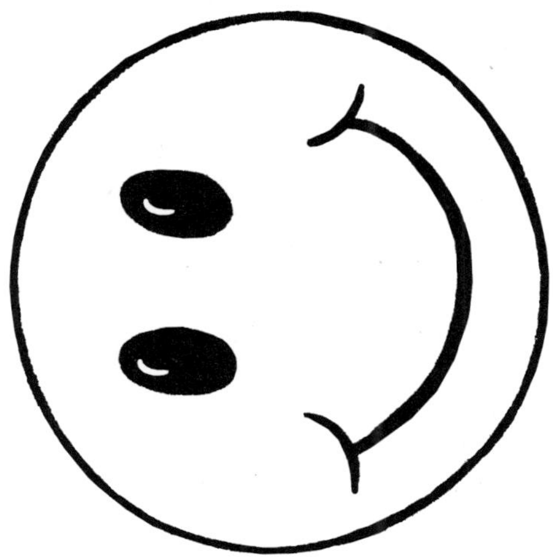

Wähle die Karten, die zeigen, wie es dir in deiner Klasse gut geht.

Male oder schreibe eigene Beispiele auf die leeren Karten.

Schneide die Karten aus und klebe sie in die Vorlage.

Wir helfen einander. 	Wir entschuldigen uns. 	Wir spielen zusammen. 
Wir begrüßen uns freundlich. 	Wir lösen Streit friedlich. 	Wir hören einander zu. 

Schneide die Vorlage aus und falte sie.

Klebe die Vorlage auf dein Lapbook.

So kann ich gut lernen!

Wähle die Karten, die zeigen wann du in der Klasse gut lernen kannst.

Male oder schreibe eigene Beispiele auf die leeren Karten.

Schneide die Karten aus und klebe sie in die Vorlage.

Wir halten Ordnung. 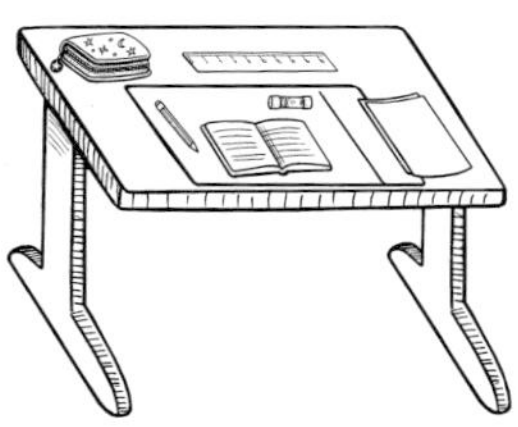	Wir arbeiten leise. 	Wir lassen einander ausreden. 
Wir melden uns. 	Wir gehen gut mit unseren Sachen um. 	Wir arbeiten konzentriert. 

Schneide die Vorlage aus und falte sie.

Male oder schreibe in die Vorlage, was ihr in eurer Klasse verbessern könnt und wie ihr dieses tun könnt.

Klebe die Vorlage auf dein Lapbook.

Das können wir verbessern!	So können wir es verbessern!

Male oder schreibe die sechs wichtigsten Regeln in deiner Klasse auf die Karten.

Schneide die Karten aus.

Befestige die Karten mit kleinen Wäscheklammern an einem Faden und klebe den Faden auf dein Lapbook.

Unsere wichtigsten Klassenregeln

Schneide die Vorlage aus und falte sie.

Male oder schreibe in die Vorlage, welche Klassenregel dir besonders wichtig ist.

Klebe die Vorlage auf dein Lapbook.

Wähle die Karten, die zeigen, was besser klappt, wenn ihr euch an die Klassenregeln haltet.

Male oder schreibe eigene Beispiele auf die leeren Karten.

Schneide die Karten aus und hefte sie mit einer Musterbeutelklammer auf dein Lapbook.
Die Vorlage mit dem Text kommt ganz nach oben.

Das klappt mit Klassenregeln besser!

Wir können die Materialien schneller finden.

Wir lernen voneinander.

Wir können uns besser konzentrieren.

Male oder schreibe auf die Vorlagen, was ihr tun könnt, damit ihr euch an die Klassenregeln haltet und diese nicht vergesst.

Schneide die Vorlagen aus und kleibe sie aufeinander. Die Vorlage mit dem Text kommt ganz nach oben.

Klebe die Vorlage auf dein Lapbook.

Erinnerungshilfen

Klebefläche

Klebefläche

Klebefläche

Klebefläche

Klebefläche

Male die Vorlagen für das Deckblatt an und schreibe deinen Namen auf die Linien.

Schneide die Vorlagen aus und klebe sie auf dein Lapbook.

Konzentration

Dieses Lapbook gehört: ____________________

____

Male oder schreibe auf die Vorlagen, wie du dich gut konzentrieren kannst.

Schneide die Vorlagen aus und klebe sie aufeinander. Die Vorlage mit dem Bild kommt ganz nach oben.

Klebe die Vorlage auf dein Lapbook.

So kann ich mich konzentrieren!

Klebefläche

Klebefläche

Klebefläche

Klebefläche

Klebefläche

Klebefläche

Klebefläche

Klebefläche

Klebefläche

Male oder schreibe auf die Vorlagen, wie du dich nicht konzentrieren kannst.

Schneide die Vorlagen aus und klebe sie aufeinander. Die Vorlage mit dem Bild kommt ganz nach oben.

Klebe die Vorlage auf dein Lapbook.

So kann ich mich nicht konzentrieren!

Klebefläche

Klebefläche

Klebefläche

Klebefläche

Klebefläche

Klebefläche

Klebefläche

Klebefläche

Klebefläche

Was brauchst du, damit du dich gut konzentrieren kannst? Male oder schreibe es auf die Vorlage.

Schneide die Vorlage aus, falte sie und klebe sie auf dein Lapbook.

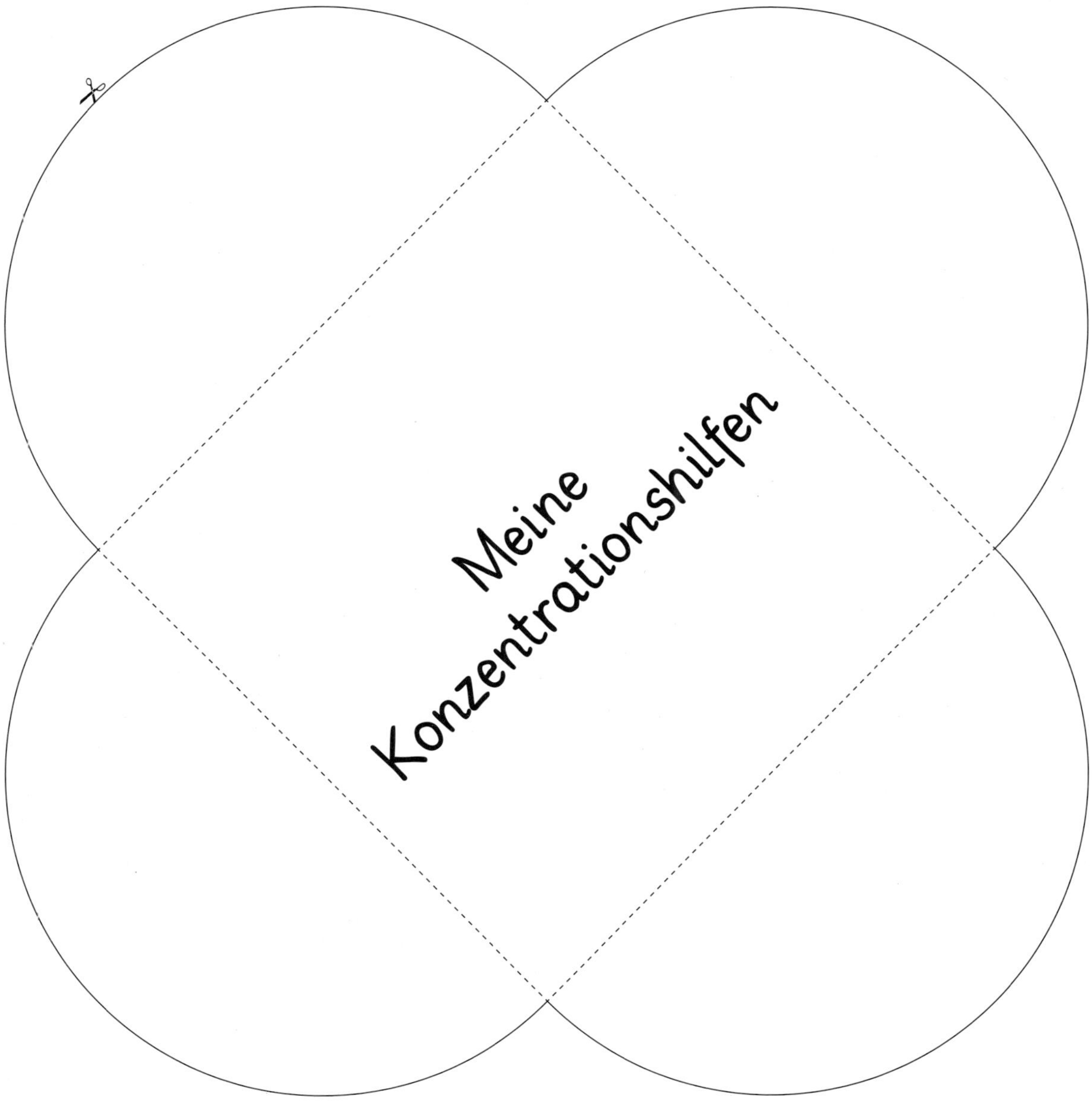

Schneide die Vorlage und die Bildkarten aus.

Falte die Vorlage und klebe sie auf dein Lapbook.

Klebe die Bildkarten auf den passenden Klappdeckel.

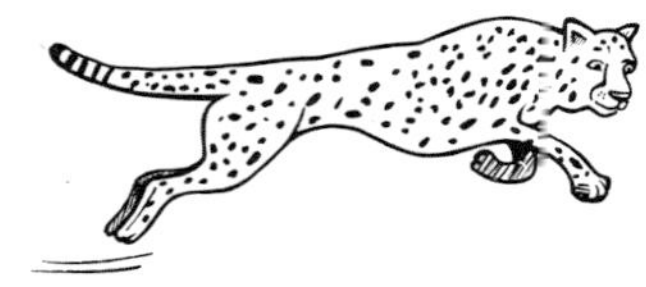

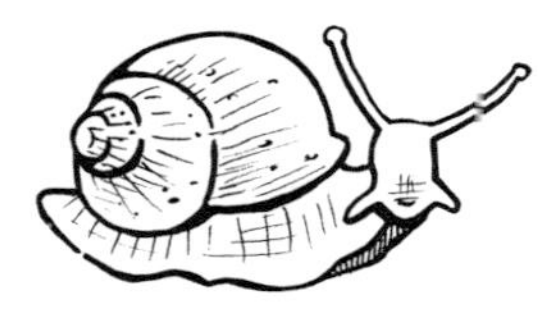

Trödeln
Ich mache viele Dinge zugleich, lasse mich ablenken oder träume. So werde ich mit meinen Aufgaben nicht fertig.

Perfekt
Ich denke erst nach und mache eins nach dem anderen. So werde ich mit allen Aufgaben fertig.

Zu schnell
Ich denke nicht nach und übersehe wichtige Dinge. So mache ich viele Fehler.

Lernpausen helfen dir, dich besser zu konzentrieren. Schneide die Vorlage aus, falte sie und klebe sie auf dein Lapbook.

Schneide nur die Bildkarten aus, die zeigen, wie du eine Lernpause gut nutzen kannst.

Klebe die Bildkarten auf die Vorlage.

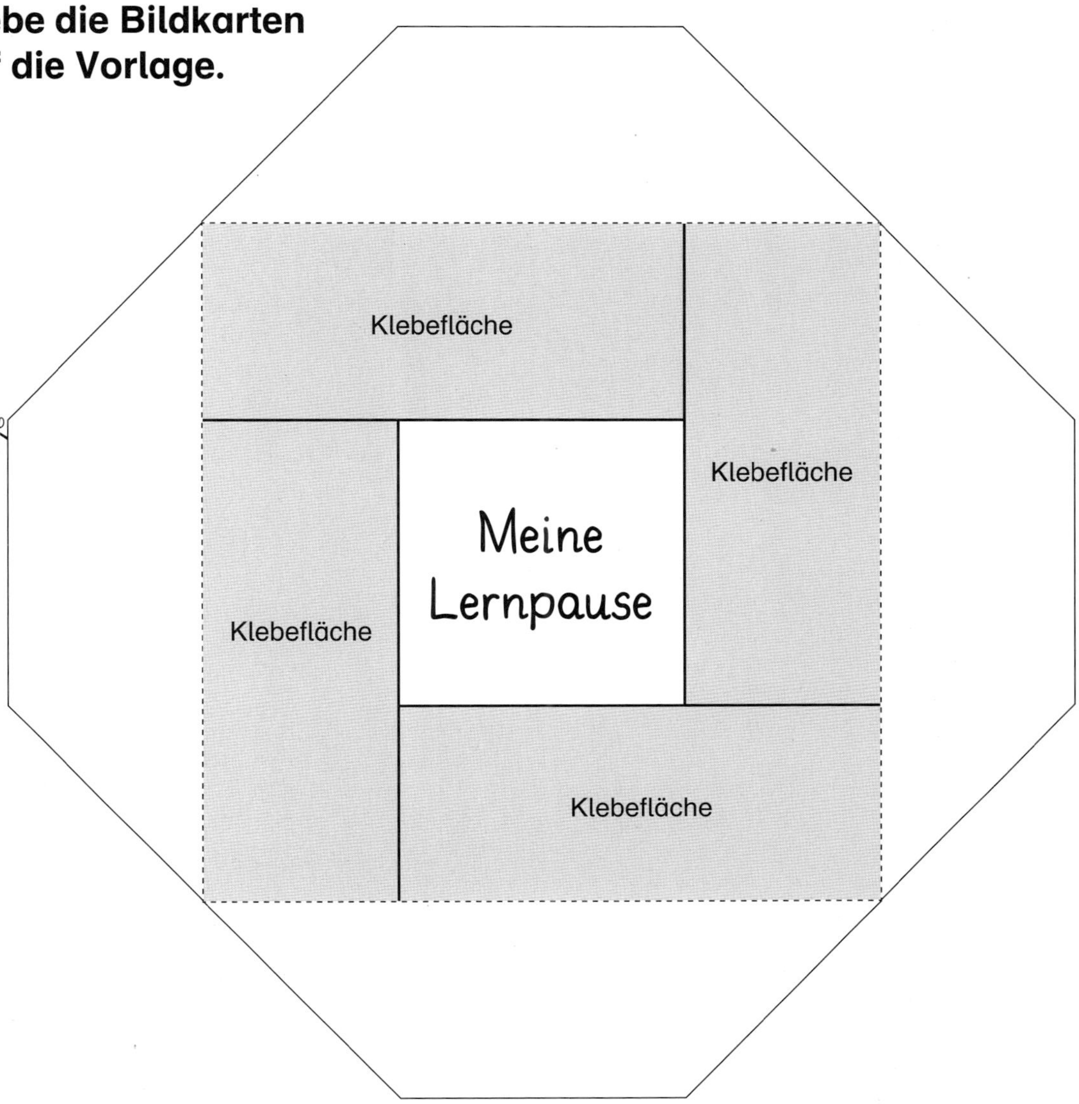

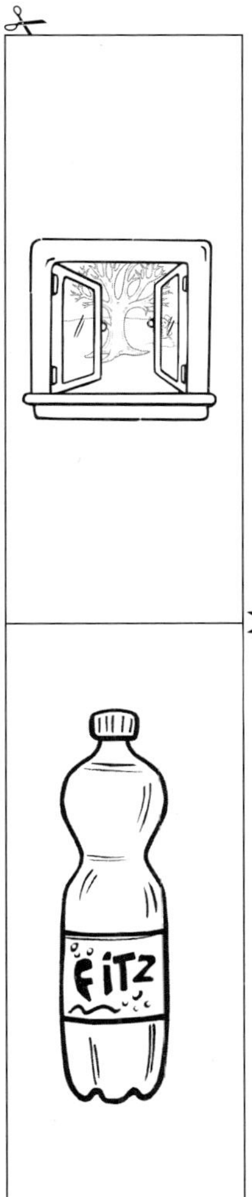

Schneide die Bildkarten aus.

Lege sie in der richtigen Reihenfolge aufeinander.

①

Klebefläche

②

Klebefläche

③

Klebefläche

④

Klebefläche

⑤

Klebefläche

Schneide die Textkarten aus.

Sortiere sie passend zu den Bildkarten und klebe sie fest.

Hefte die Bildkarten mit einer Musterbeutelklammer auf dein Lapbook.

Überprüfen Wenn ich einen Fehler entdecke, ist es nicht schlimm. Ich kann ihn verbessern.
Wie ist mein Plan? Ich denke erst nach! Ich überlege, wie ich vorgehe.
Stopp! Was soll ich tun? Als Erstes lese ich die Aufgabe. Ich sage mit meinen Worten, was ich tun soll.
Fertig Ich sage zu mir: „Das habe ich prima gemacht!“
Schritt für Schritt zum Ziel Ich mache eins nach dem anderen. Nur nichts überhasten und nicht sofort aufgeben!

Schneide die Vorlage aus und falte sie.

Klebe die Vorlage auf dein Lapbook.

Schreibe deine Gedanken in die Vorlage, wenn diese in deinem Kopf kreisen.

Meine
Gedankenschublade

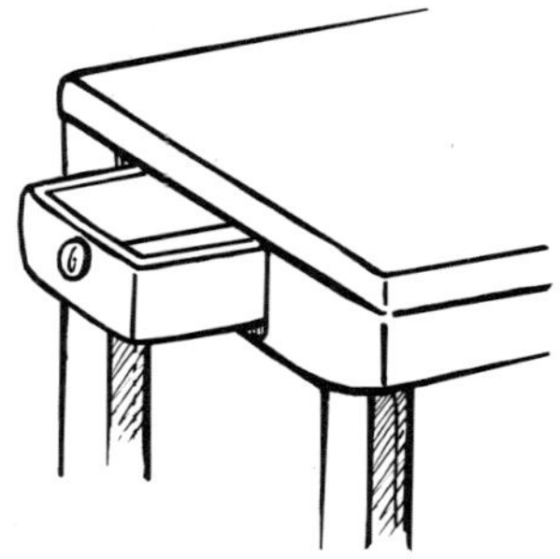

Male die Vorlagen für das Deckblatt an und schreibe deinen Namen auf die Linien.

Schneide die Vorlagen aus und klebe sie auf dein Lapbook.

Erfolgreich arbeiten

Dieses Lapbook gehört: ______________________

____

Kreuze an, welche Sätze richtig sind.

Male alles grün an, was in deine Schultasche gehört.

Schneide die Vorlage aus, falte sie und klebe sie in dein Lapbook.

Bemale die Vorlage als Schulranzen und klebe die Karte von außen auf den Klappdeckel.

Ich packe nur Schulsachen in meine Schultasche.		
Ich packe alle Sachen ein, die ich in der Woche brauche.		
Ich packe meine Schultasche jeden Tag neu.		
Ich packe meine Schultasche in der Reihe der Unterrichtsstunden.		

Meine Schultasche

Schreibe unter die Bilder, was gut und schiefgeht.

Schneide die Vorlage aus, falte sie und klebe sie auf dein Lapbook.

Schneide die Karte aus und klebe sie von außen auf die Vorlage.

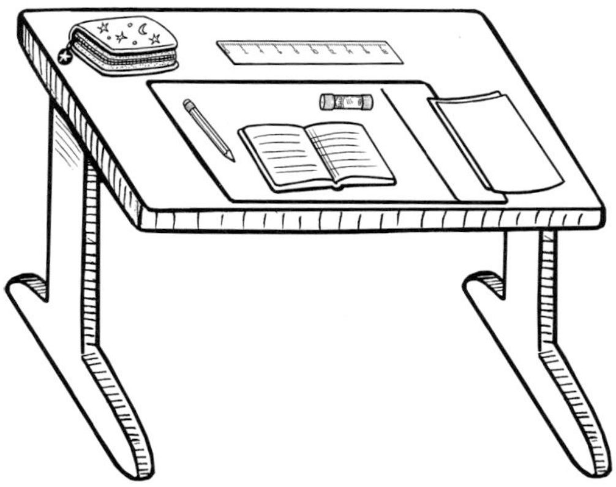

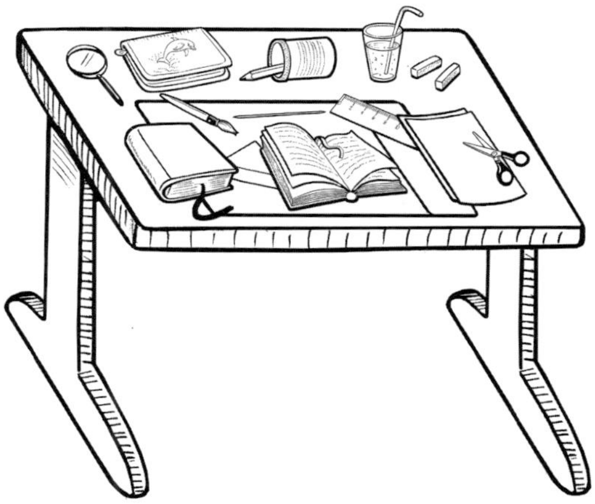

Mein Arbeitsplatz

Male in die Vorlage, was in dein Federmäppchen gehört.

Schneide die Vorlage aus, falte sie und klebe sie auf dein Lapbook.

Schneide die Karte aus und klebe sie auf die Vorlage.

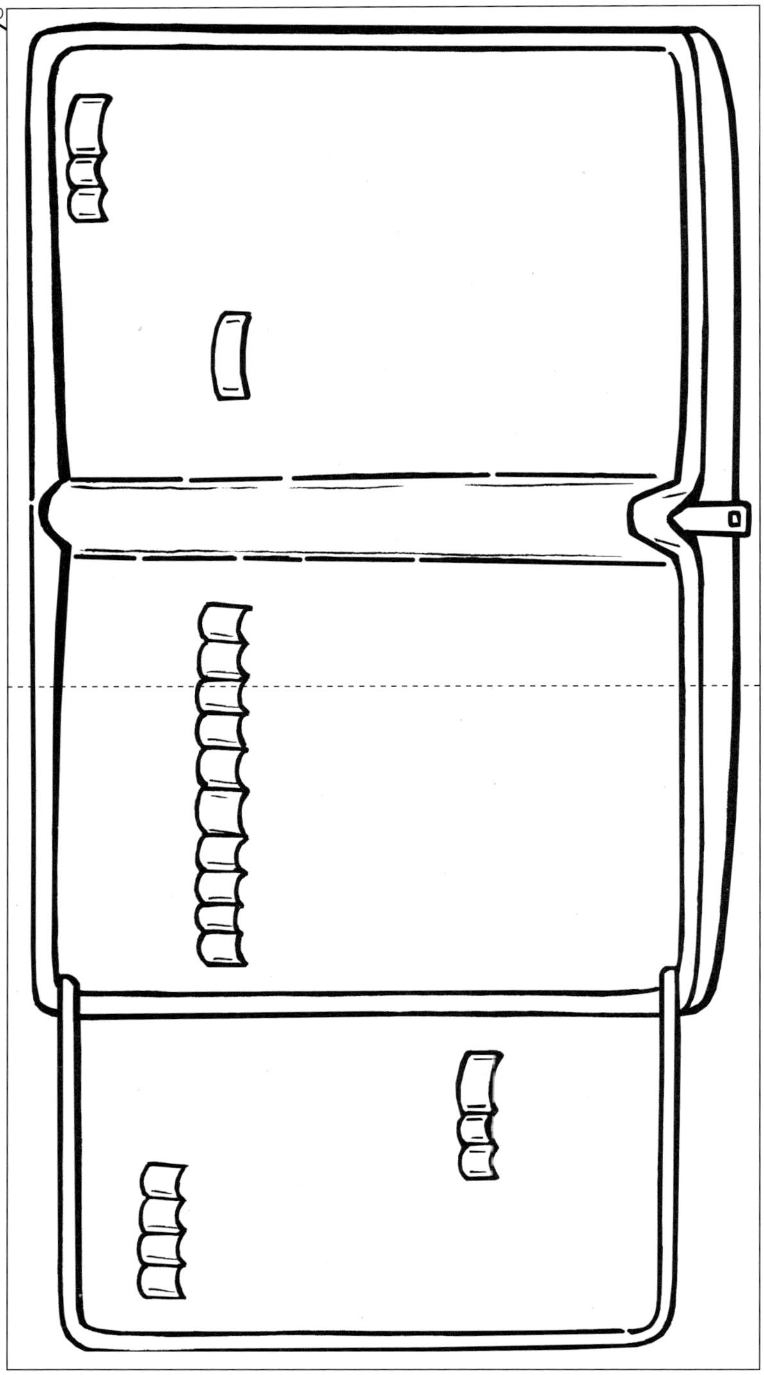

Meine Federmappe

Kreuze die richtigen Sätze an.

Schneide die Vorlage aus, falte sie und klebe sie auf dein Lapbook.

Schneide die Karte aus und klebe sie auf die Vorlage.

Montag

Dienstag

Mittwoch

	☺	☹
Ich behalte die Aufgaben auswendig im Kopf.		
Ich schreibe die Aufgaben am Ende der Stunde in mein Hausaufgabenheft.		
Ich schreibe die Seite und die Aufgabennummer auf.		
Ich streiche erledigte Aufgabe durch oder hake sie ab.		

Mein Hausaufgabenheft

**Schreibe zwei Rechenaufgaben in die Kästchen.
Benutze die Checkliste und hake ab.**

Schneide die Vorlage aus, falte sie und klebe sie auf dein Lapbook.

Schneide die Karte aus und klebe sie auf die Vorlage.

- ☐ Ich schreibe das **Datum** an den Rand.
- ☐ Ich schreibe die **Seite** und **Nummer** der Aufgabe auf.
- ☐ Ich schreibe in **ein Kästchen** nur **eine Ziffer**.
- ☐ Ich lasse drei Kästchen zwischen zwei Aufgaben frei.

So schreibe ich in mein Matheheft!

Schreibe zwei Sätze auf die Linien. Benutze die Checkliste und hake ab.

Schneide die Vorlage aus, falte sie und klebe sie auf dein Lapbook.

Schneide die Karte aus und klebe sie auf die Vorlage.

- ☐ Ich schreibe das **Datum** an den Rand.
- ☐ Ich schreibe die **Seite** und **Nummer** der Aufgabe auf.
- ☐ Ich schreibe eine **Überschrift.**
- ☐ Ich **unterstreiche** die Überschrift **mit Lineal**.
- ☐ Ich lasse nach der Überschrift **eine Zeile frei**.

So schreibe ich in mein Schreibheft!

Lies die Sätze und male den passenden Smiley an.

Schneide die Vorlage aus, falte sie und klebe sie auf dein Lapbook.

Schneide die Karte aus und klebe sie auf die Vorlage.

	Stimmt.	**Stimmt meist.**	**Stimmt noch nicht.**
Meine Schultasche ist immer aufgeräumt.	🙂	😐	🙁
Ich habe immer alle Sachen dabei.	🙂	😐	🙁
Mein Arbeitsplatz ist immer aufgeräumt.	🙂	😐	🙁
Mein Federmappe ist immer aufgeräumt und komplett.	🙂	😐	🙁
Ich schreibe meine Hausaufgaben immer auf.	🙂	😐	🙁
Ich schreibe immer das Datum, die Seite und Aufgabennummer in meine Hefte.	🙂	😐	🙁

Das klappt schon!

Male oder schreibe in die Vorlage, wie ihr in einer Gruppe am besten zusammenarbeiten könnt.

Schneide die Vorlage aus, falte sie und klebe sie auf dein Lapbook.

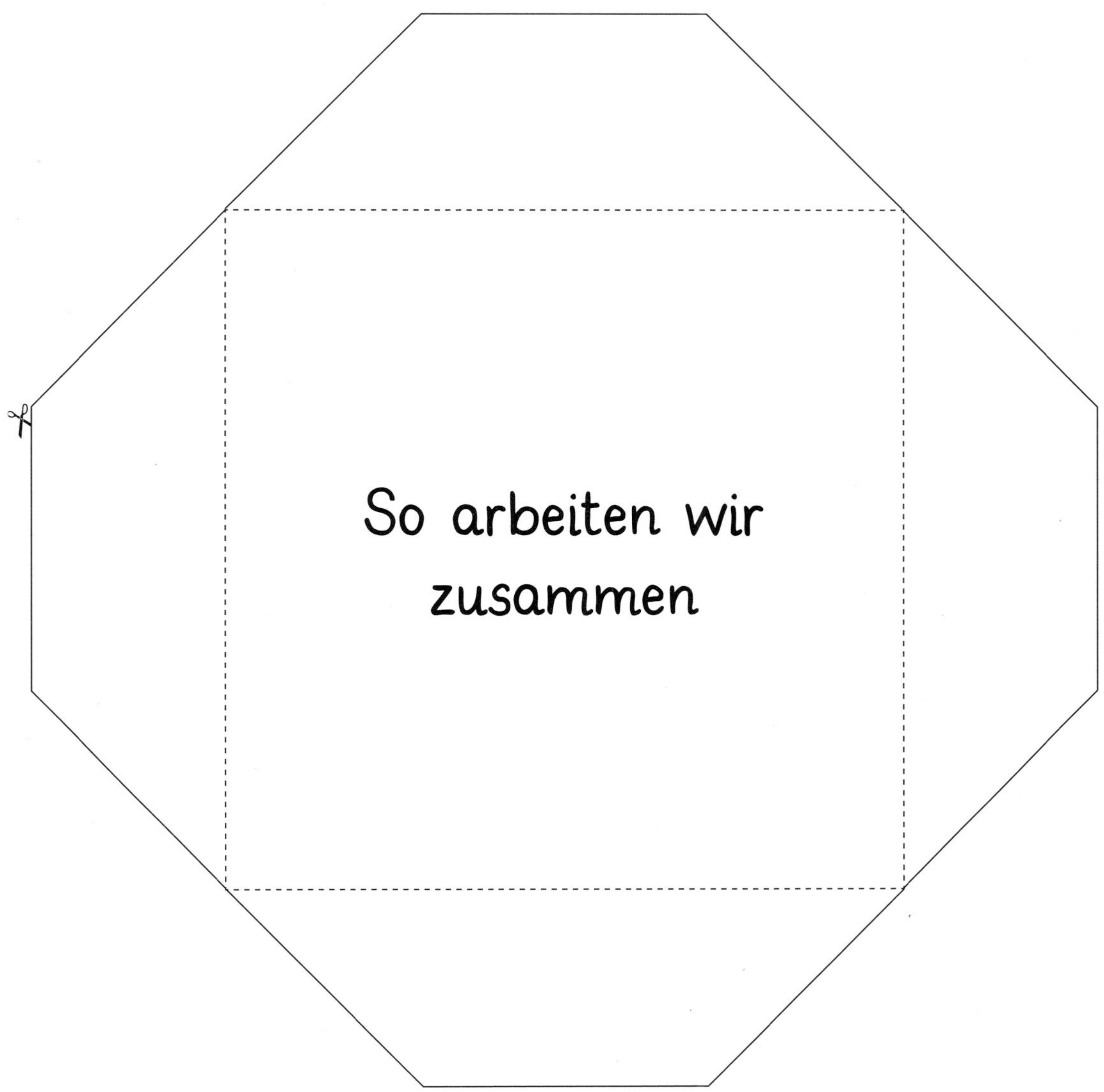

Schneide die Vorlage aus und falte sie.

Male oder schreibe in die Vorlage, was du dir diese Woche vornimmst.

Klebe die Vorlage auf dein Lapbook.

Male die Vorlagen für das Deckblatt an und schreibe deinen Namen auf die Linien.

Schneide die Vorlagen aus und klebe sie auf dein Lapbook.

Soziales Verhalten

Dieses Lapbook gehört: ____________________

____

Schneide die Vorlage aus und falte sie.

Male oder schreibe in die Vorlage, wie Streit anfangen kann.

Klebe die Vorlage auf deine Lapbook.

Schneide die Vorlage aus und falte sie.

Male oder schreibe in die Vorlage, wie du Streit lösen kannst.

Klebe die Vorlage auf dein Lapbook.

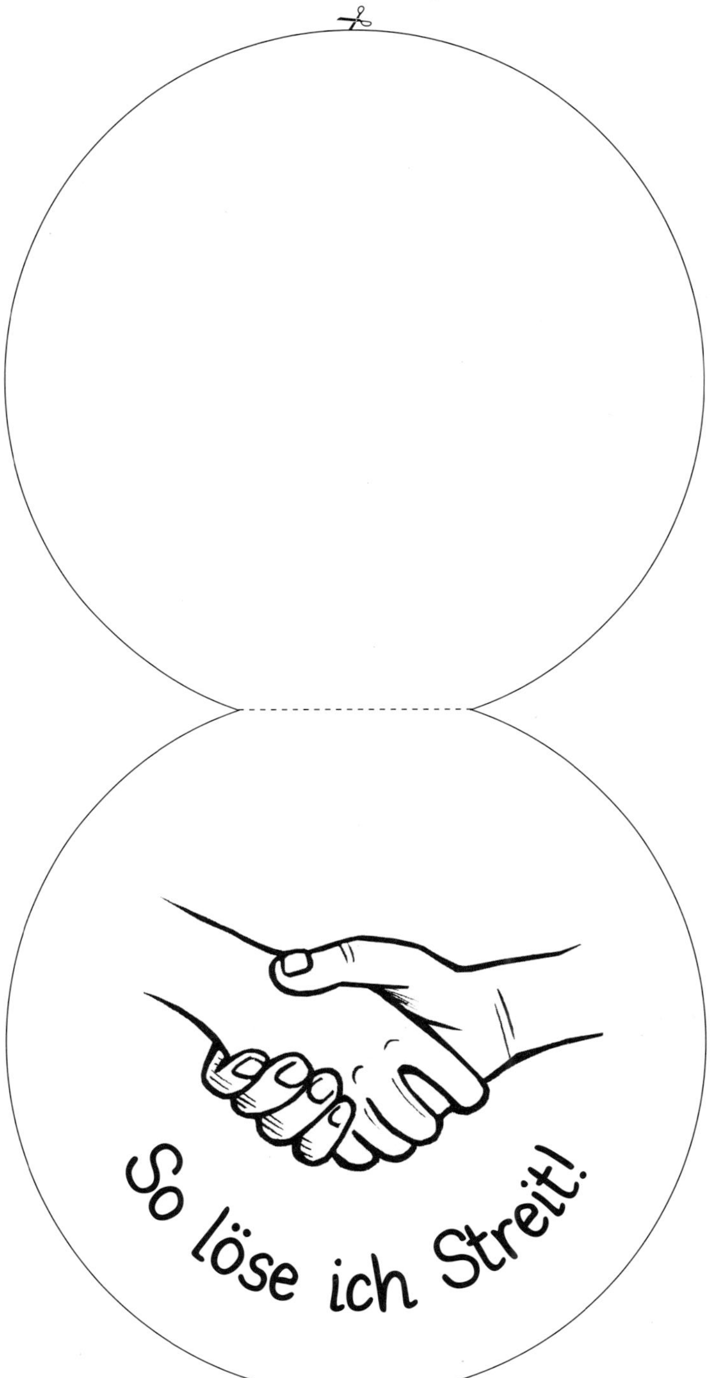

Schneide die Vorlage aus und falte sie.

Kompromisse können helfen, Streit zu lösen. Male oder schreibe in die Vorlage Situationen, in denen du Kompromisse eingegangen bist.

Klebe die Vorlage auf dein Lapbook.

Meine
Kompromisse

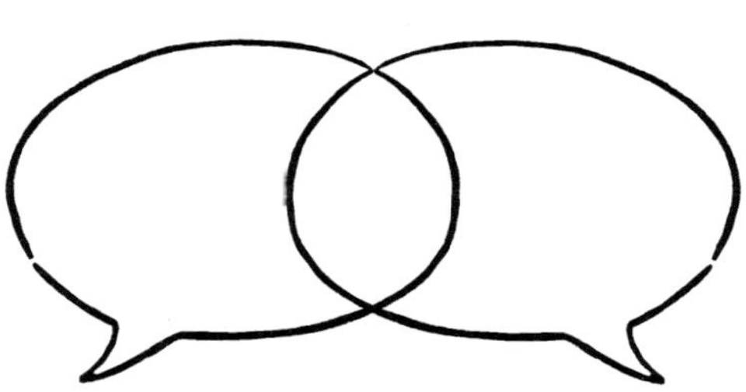

Schneide die Streifen aus.

Finde zu jedem Satzanfang das passende Satzende.
Klebe die Streifen auf.

Hefte die Streifen in der richtigen Reihenfolge auf dein Lapbook.

⊗	① Ich zähle bis zehn,	Klebefläche
⊗	② Ich sage dem anderen,	Klebefläche
⊗	③ Ich höre dem anderen zu und	Klebefläche
⊗	④ Wir geben beide	Klebefläche
⊗	⑤ Wir suchen gemeinsam	Klebefläche
⊗	⑥ Wir entschuldigen	Klebefläche

uns beide.
was ich denke.
nach einer Lösung.
um mich zu beruhigen.
ein bisschen nach.
probiere, ihn zu verstehen.

Schneide die Vorlage aus und falte sie.

Male oder schreibe in die Vorlage, wie du Streit vermeiden kannst.

Klebe die Vorlage auf dein Lapbook.

So vermeide ich Streit!

Schreibe neben das Bild, warum sich die Kinder streiten.

Schreibe in die Sprechblasen, wie die Kinder Rücksicht aufeinander nehmen können.

Falte die Vorlage und klebe sie auf dein Lapbook.

Klebe die Karte auf die Vorlage.

So nehme ich Rücksicht!

Schreibe in die Vorlage, was auf dem Bild passiert.

Kreuze an, wie du helfen würdest, oder schreibe eine andere Lösung auf.

Male deine Lösung auf die linke Seite.

Schneide die Vorlage aus, falte sie und klebe sie auf dein Lapbook.

Schneide die Karte aus und klebe sie auf dein Lapbook.

☐ Ich sage: „Halt, stopp!“

☐ Ich hole einen Lehrer.

☐ Ich gehe weg.

☐ ____________________

So helfe ich anderen!

Male oder schreibe Komplimente für deine Klasse auf die Vorlage.

Schneide die Vorlage aus, falte sie und klebe sie auf dein Lapbook.

Schneide die Karte aus und klebe sie auf die Vorlage.

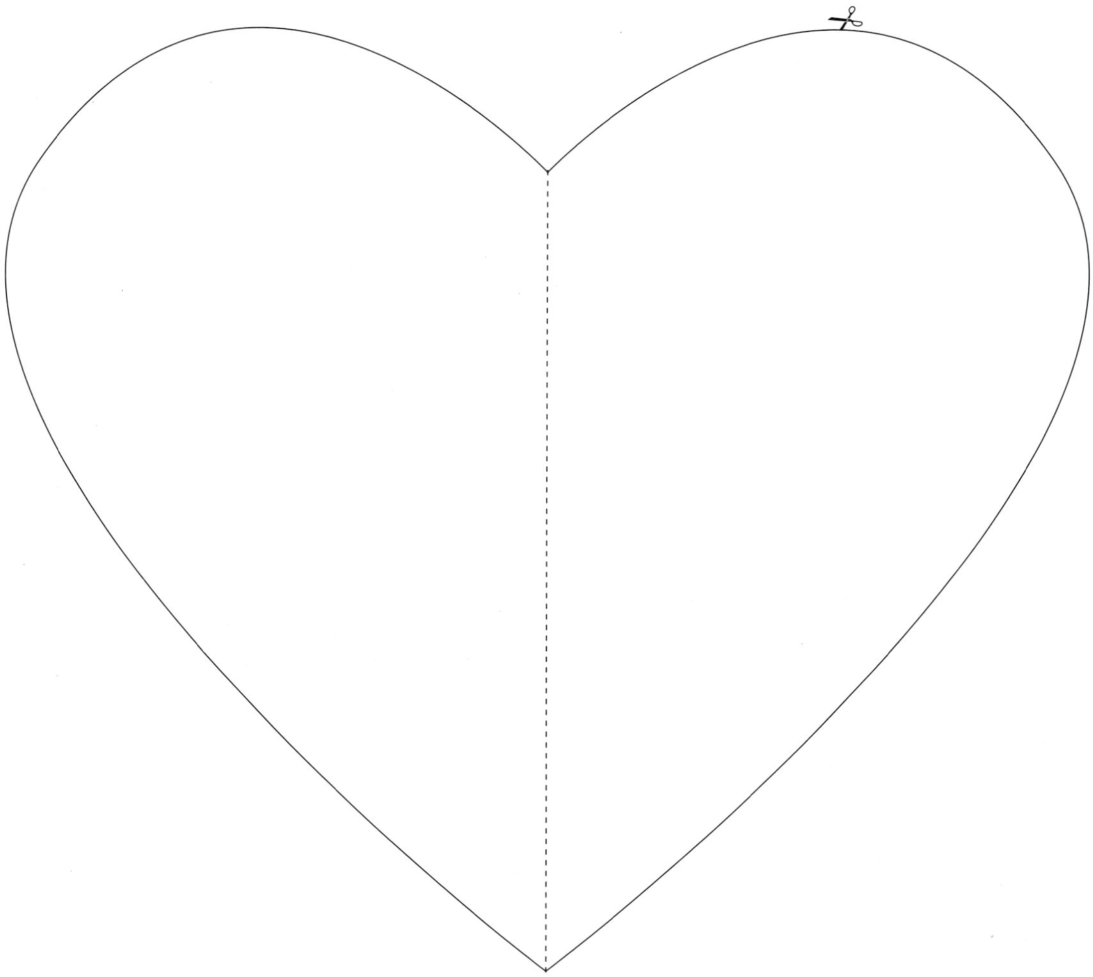

Komplimente für
meine Klasse

Schneide die Vorlage aus und falte sie.

Male oder schreibe in die Vorlage, was du diese Woche tun kannst, damit es allen Kindern in der Klasse gut geht.

Klebe die Vorlage auf dein Lapbook.

Male die Vorlagen für das Deckblatt an und schreibe deinen Namen auf die Linien.

Schneide die Vorlagen aus und klebe sie auf dein Lapbook.

Stärken und Schwächen

Dieses Lapbook gehört:

____

____

Male oder klebe in die Vorlage ein Bild von dir.

Schneide die Vorlage aus und klebe sie auf dein Lapbook.

Das bin ich

Schneide die Vorlage aus und falte sie.

Schreibe in die Vorlage, was du an dir magst und was andere an dir mögen.

Klebe die Vorlage auf dein Lapbook.

Schneide die Vorlage aus und falte sie.

Male in die Vorlage ein Tier, das zu dir passt.

Schreibe in die Vorlage, welche Eigenschaften du mit dem Tier und dir selbst verbindest.

Klebe die Vorlage auf dein Lapbook.

Meine Eigenschaften

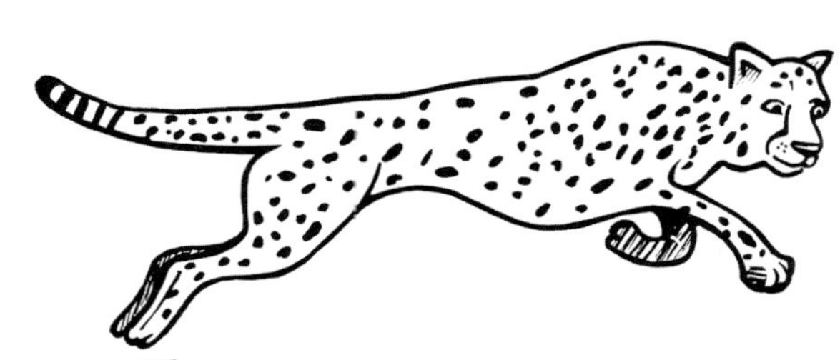

Male oder schreibe in die Vorlage, worauf du stolz bist.

Schneide die Vorlage aus und falte sie.

Klebe die Vorlage auf dein Lapbook.

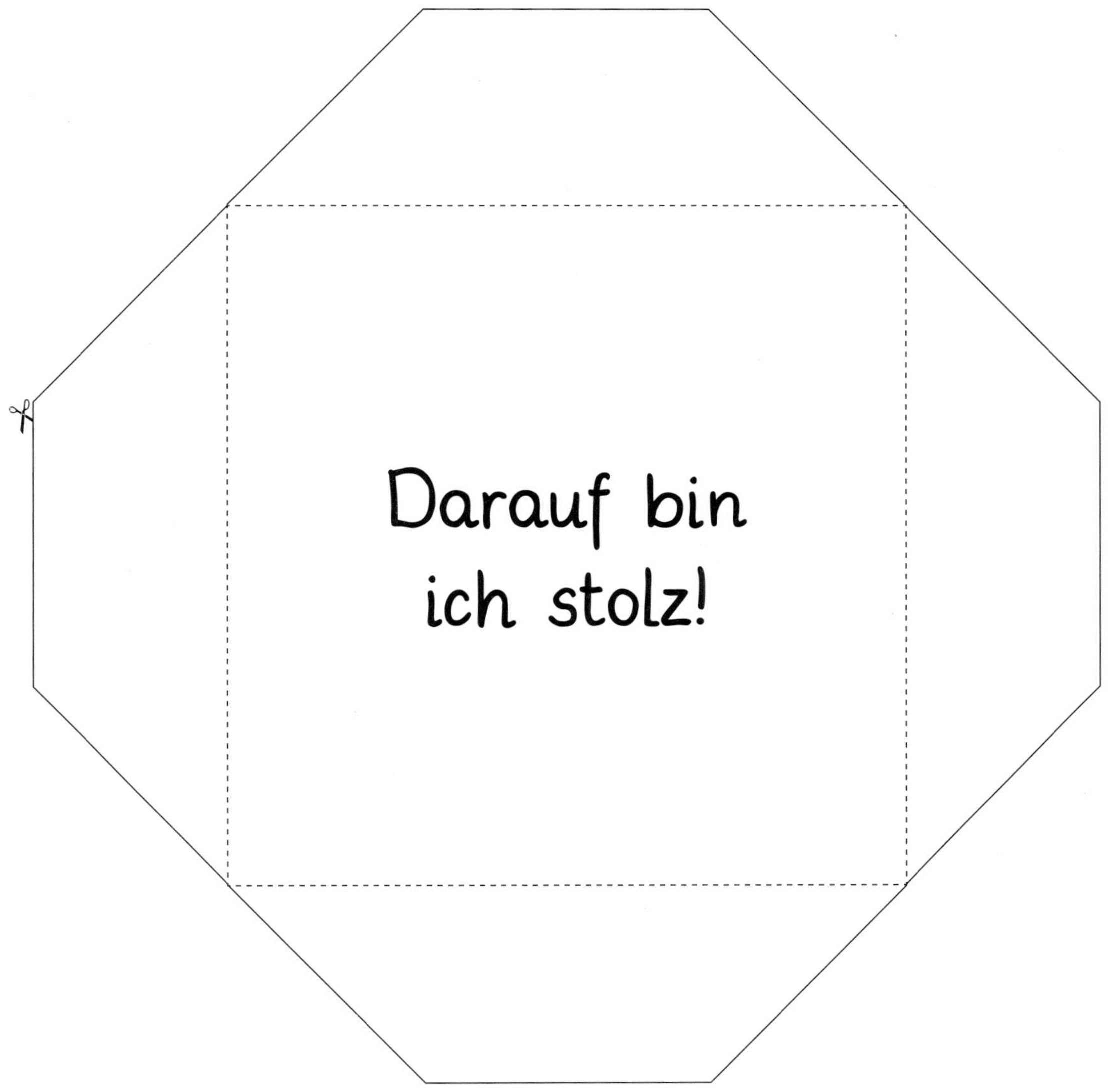

Schneide die Vorlage aus und falte sie.

Jeder Mensch hat Dinge, die er noch nicht so gut kann. Male oder schreibe in die Vorlage, was du noch verbessern möchtest.

Klebe die Vorlage auf dein Lapbook.

Schneide die Vorlage aus und falte sie.

Jeder Mensch hat Dinge, die ihm sehr schwerfallen. Male oder schreibe in die Vorlage, was für dich am allerschwesten ist.

Klebe die Vorlage auf dein Lapbook.

Das fällt
mir schwer!

Schneide die Vorlage aus und falte sie.

Jeder Mensch hat etwas, das er gerne an sich verändern würde. Male oder schreibe in die Vorlage, was du gerne ändern würdest.

Klebe die Vorlage auf dein Lapbook.

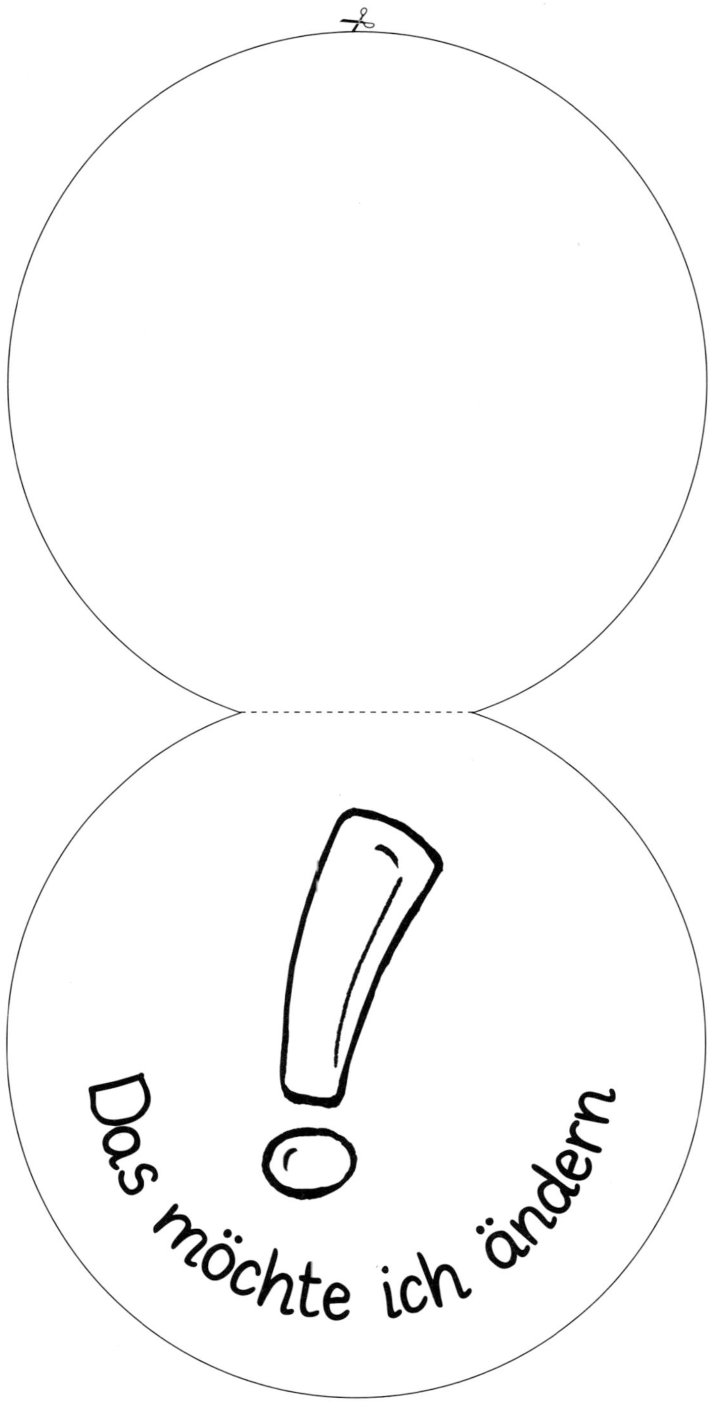

Male die Vorlagen für das Deckblatt an und schreibe deinen Namen auf die Linien.

Schneide die Vorlagen aus und klebe sie auf dein Lapbook.

Rückblick und Vorsätze

Dieses Lapbook gehört:	________________ ________________

Schneide die Vorlage aus und falte sie.

Male oder schreibe in die Vorlage, was dir beim Lernen in diesem Jahr leicht- und schwergefallen ist.

Klebe die Vorlage auf dein Lapbook.

Das ist mir leichtgefallen

Das ist mir schwergefallen

Schneide die Vorlage aus und falte sie.

Male oder schreibe in die Vorlage, was du im nächsten Jahr schaffen möchtest.

Klebe die Vorlage auf dein Lapbook.

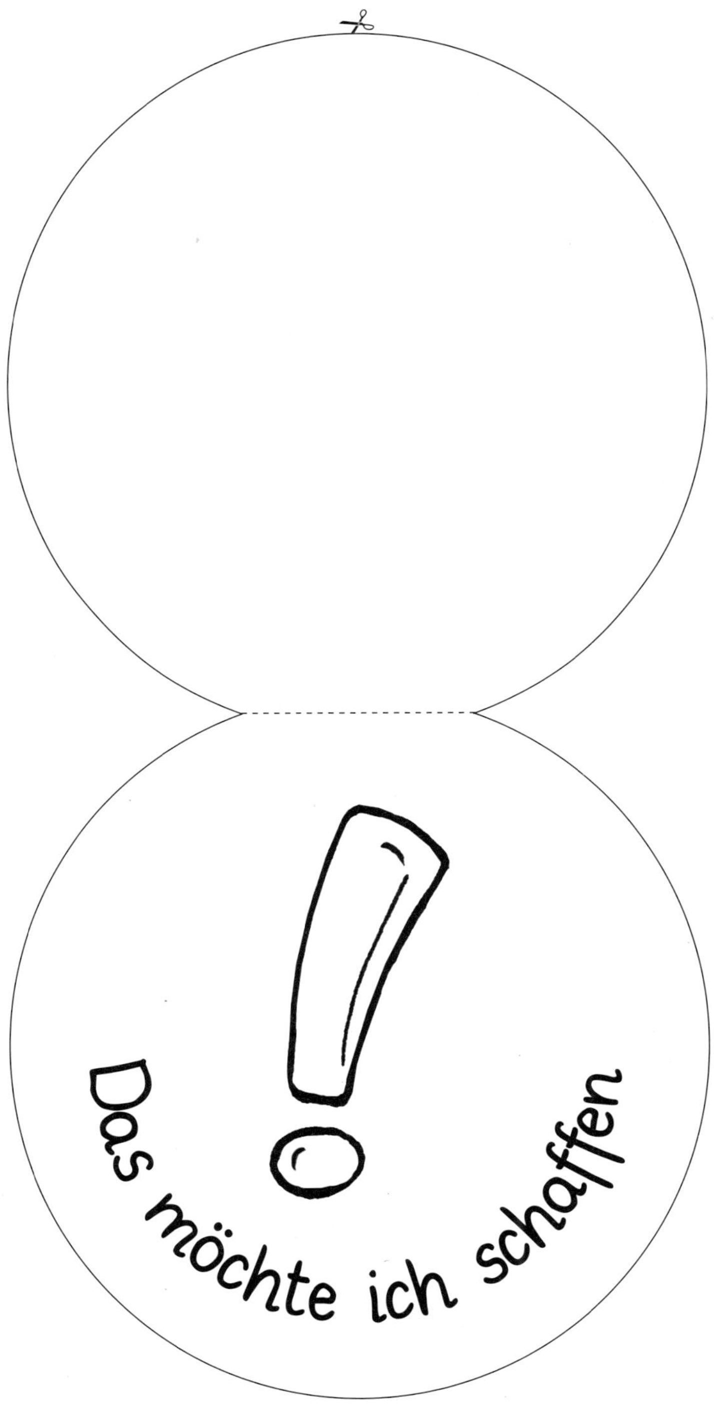

Schneide die Vorlage aus und falte sie.

Male oder schreibe in die Vorlage, was dir geholfen hat, um dich zu konzentrieren, und was dich abgelenkt hat.

Klebe die Vorlage auf dein Lapbook.

Das hat mir geholfen, um mich zu konzentrieren!

Das hat mich abgelenkt!

Schneide die Vorlage aus und falte sie.

Male oder schreibe in die Vorlage, was du im nächsten Jahr brauchst oder tun kannst, um dich noch besser zu konzentrieren.

Klebe die Vorlage auf dein Lapbook.

So konzentriere ich mich noch besser!

Schneide die Vorlage aus und falte sie.

Male oder schreibe in die Vorlage, worüber du dich gefreut und geärgert hast.

Klebe die Vorlage auf dein Lapbook.

Darüber habe ich mich gefreut!

Das hat mich geärgert!

Male oder schreibe in die Vorlage, was du anders machen möchtest.

Schneide die Vorlage aus und falte sie.

Klebe die Vorlage auf dein Lapbook.

Male oder schreibe in die Vorlage, was du im nächsten Schuljahr wieder genauso machen möchtest.

Schneide die Vorlage aus und falte sie.

Klebe die Vorlage auf dein Lapbook.

Schneide die Vorlage aus und falte sie.

Male oder schreibe in die Vorlage, warum nächtes Schuljahr dein Jahr wird.

Klebe die Vorlage auf dein Lapbook.

Male oder schreibe alle deine Vorsätze für das nächste Schuljahr auf die Vorlagen.

Schneide die Vorlagen aus und klebe sie aufeinander. Die Vorlage mit dem Text kommt ganz nach oben.

Klebe die Vorlage auf dein Lapbook.

Meine Vorsätze für das nächste Schuljahr

Klebefläche

Klebefläche

Klebefläche

Klebefläche

Klebefläche

Klebefläche

Klebefläche

Klebefläche

Klebefläche

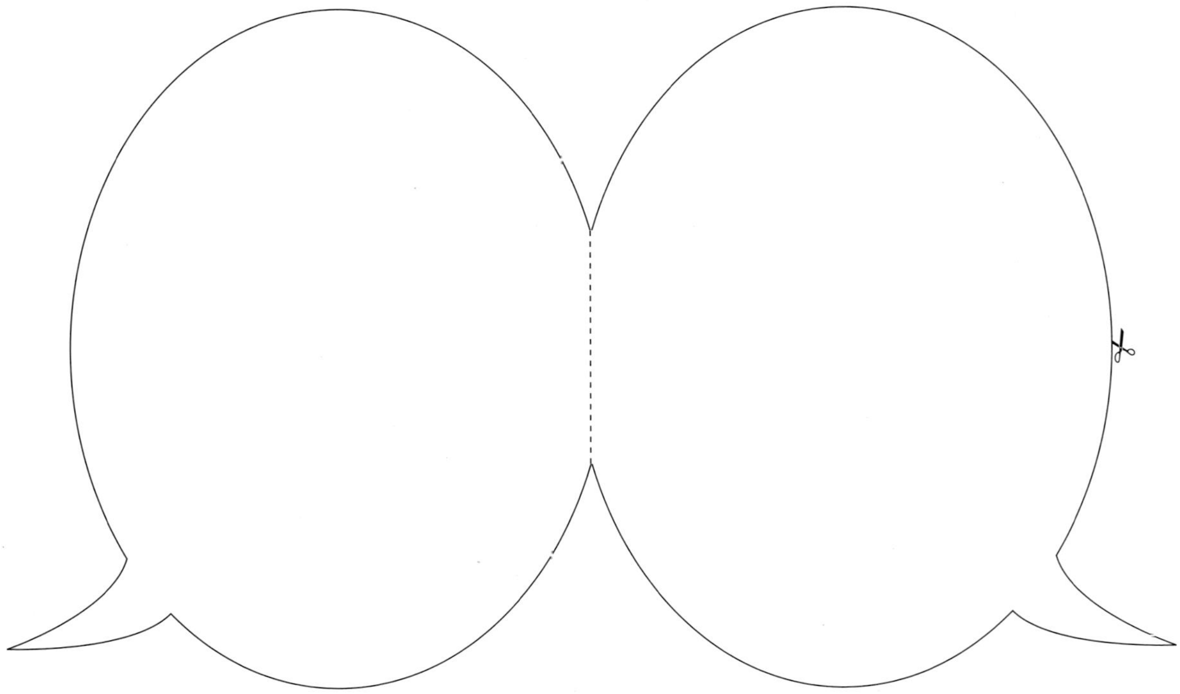

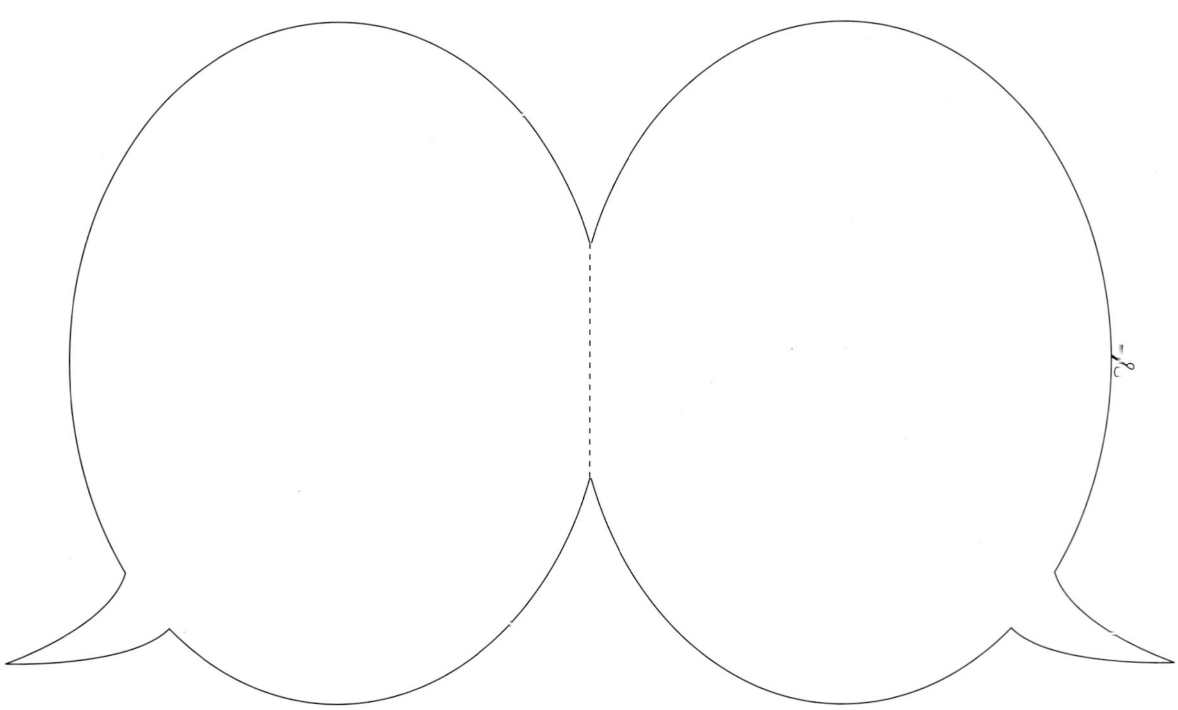

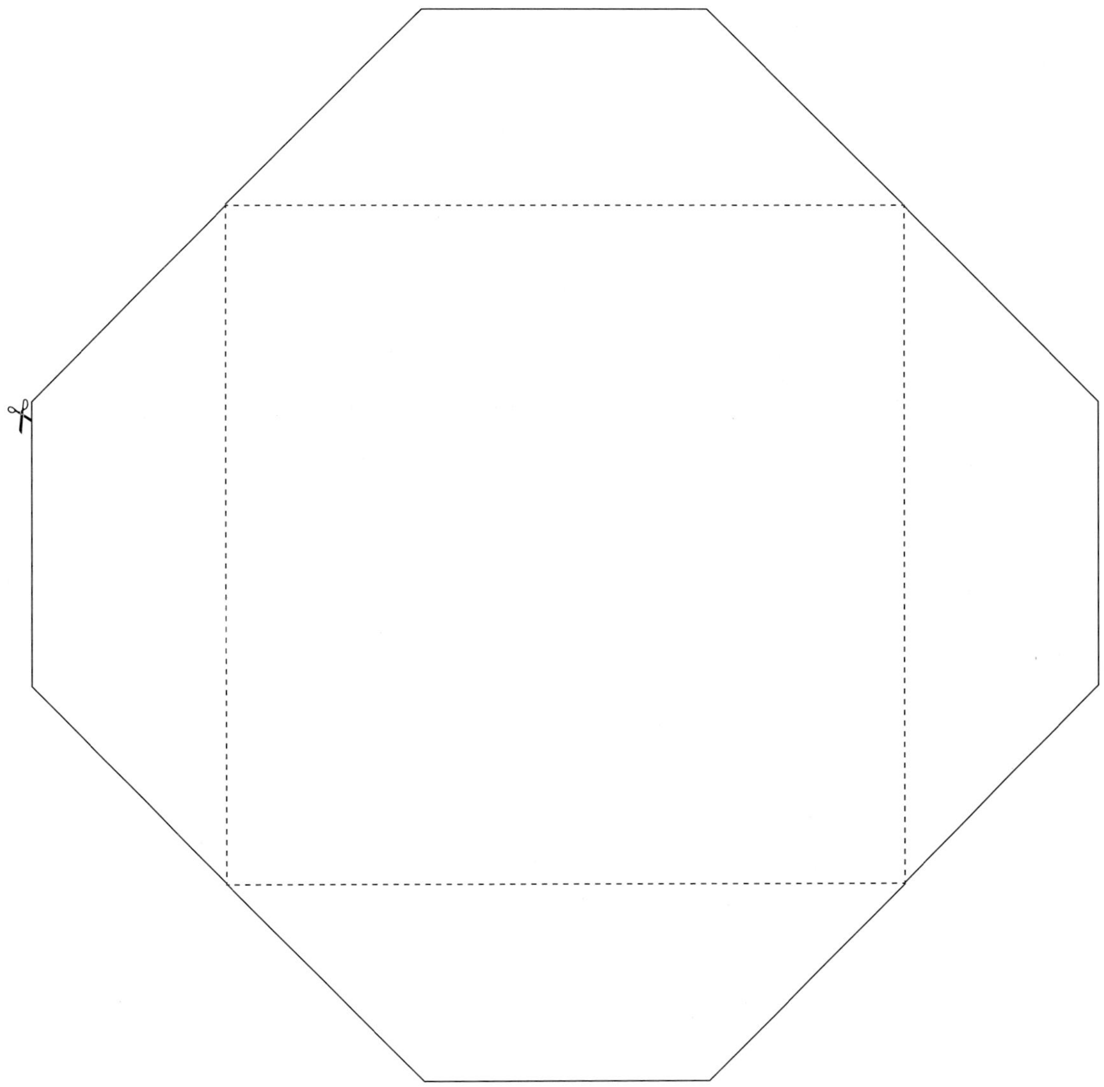

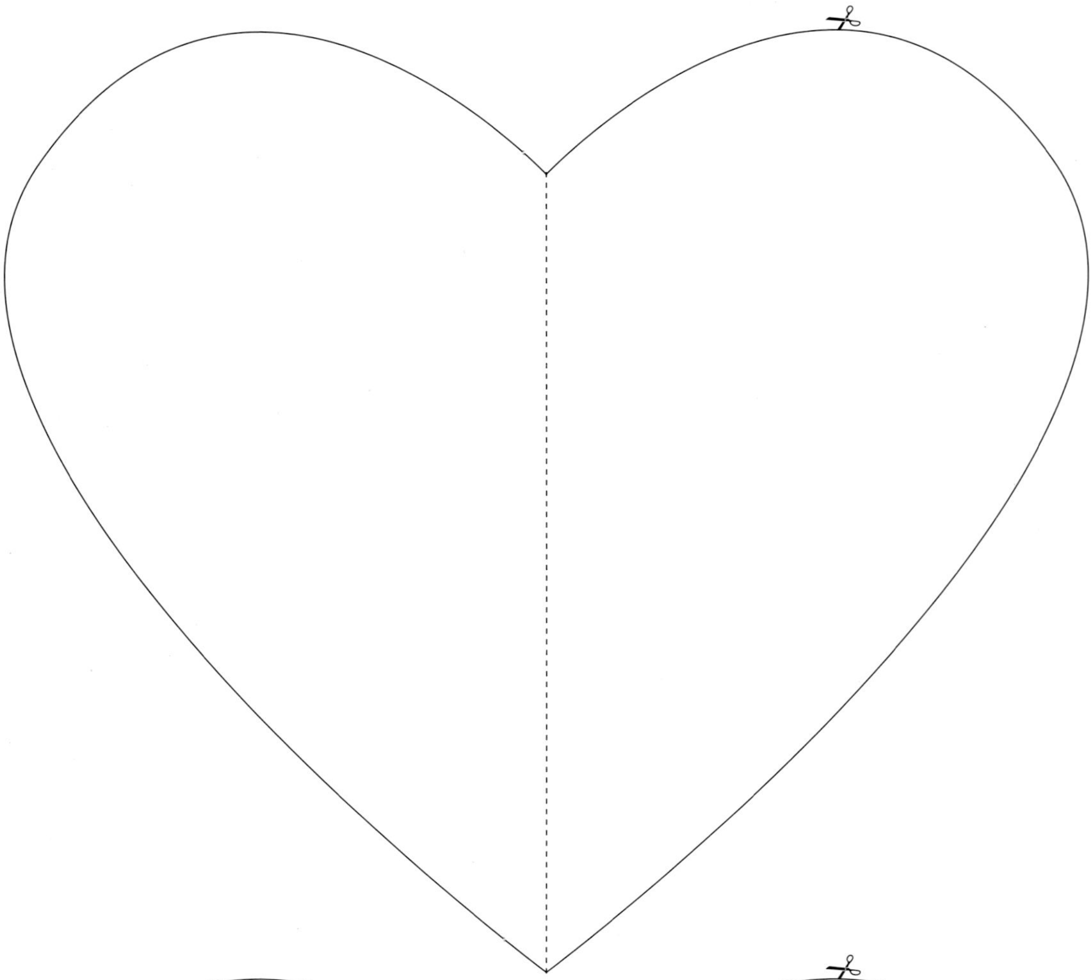

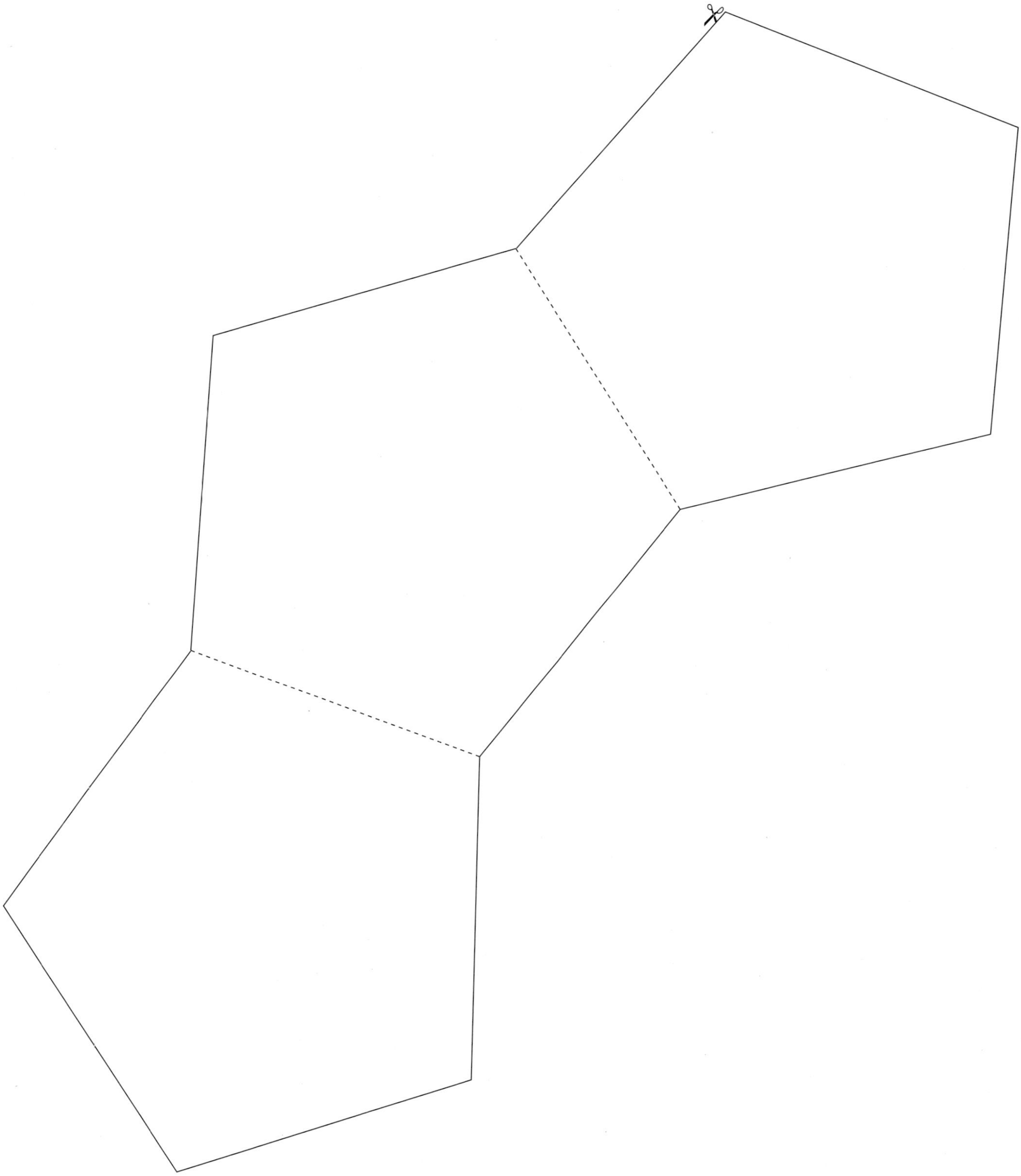

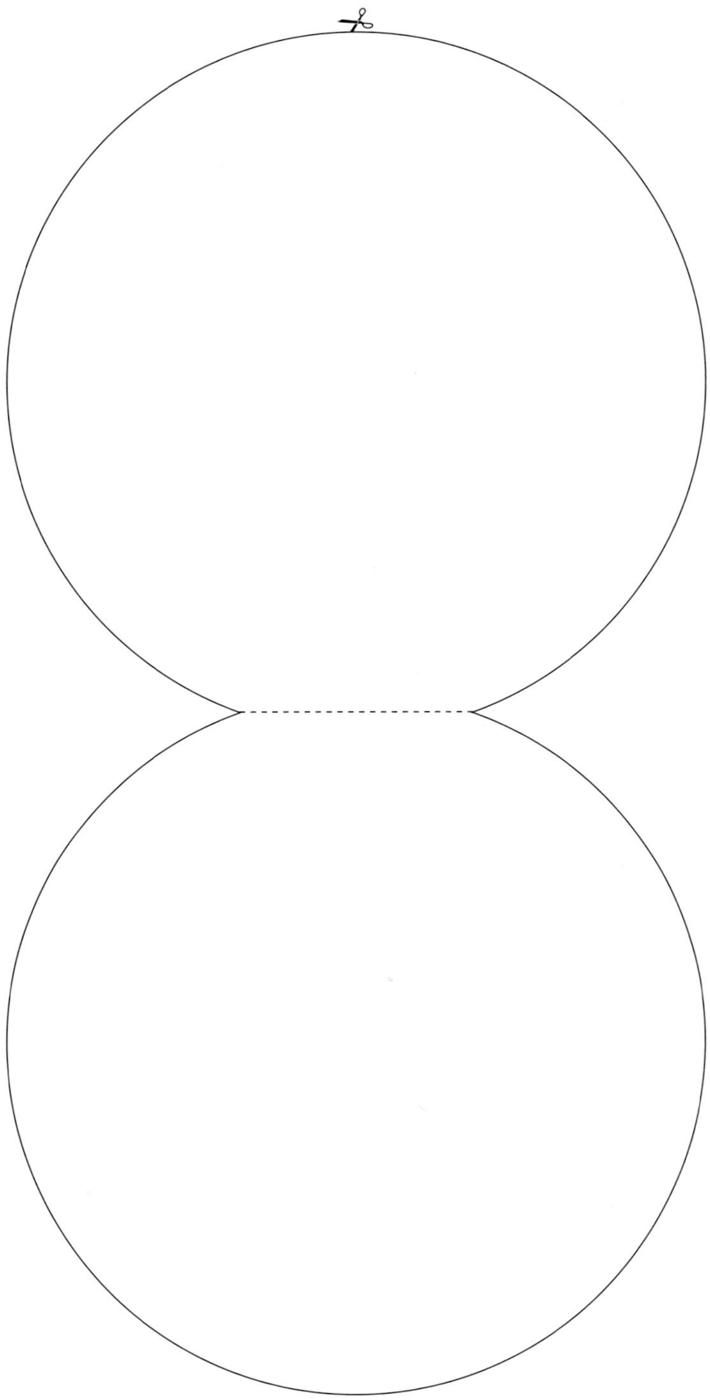

Name: ______________________ Klasse: __________ Datum: ______________

Wir erstellen ein Lapbook zu einem selbst gewählten Thema

	3 Punkte	2 Punkte	1 Punkt	0 Punkte
1. Inhalt				
Du kennst dich mit dem Thema gut aus.				
Du stellst die Sachverhalte richtig dar.				
Du verwendest Fachbegriffe.				
Die anderen Kinder lernen etwas durch dein Lapbook.				
2. Gestaltung				
Dein Lapbook macht neugierig.				
Du hast sauber geschnitten, geschrieben und geklebt.				
Dein Lapbook ist gut gegliedert.				
3. Präsentation				
Deine Präsentation ist anschaulich.				
Du hast laut und deutlich gesprochen.				
4. Sonstiges				
Du hast dich nicht ablenken lassen und konzentriert gearbeitet.				
Gesamtergebnis				

Male die erledigten Aufgaben an.

Klassenregeln

Wohlfühlen in der Klasse

Gut lernen können

Dinge in der Klasse verbessern

Unsere wichtigsten Klassenregeln

Meine wichtigste Klassenregel

Dinge die besser klappen mit Klassenregeln

Erinnerungshilfen für Klassenregeln

Male die erledigten Aufgaben an.

Konzentration

Konzentriert lernen

Abgelenkt werden

Konzentrationshilfen

Konzentriert arbeiten

Lernpausen

Gedankenschublade

Schritt für Schritt zur Konzentration

Male die erledigten Aufgaben an.

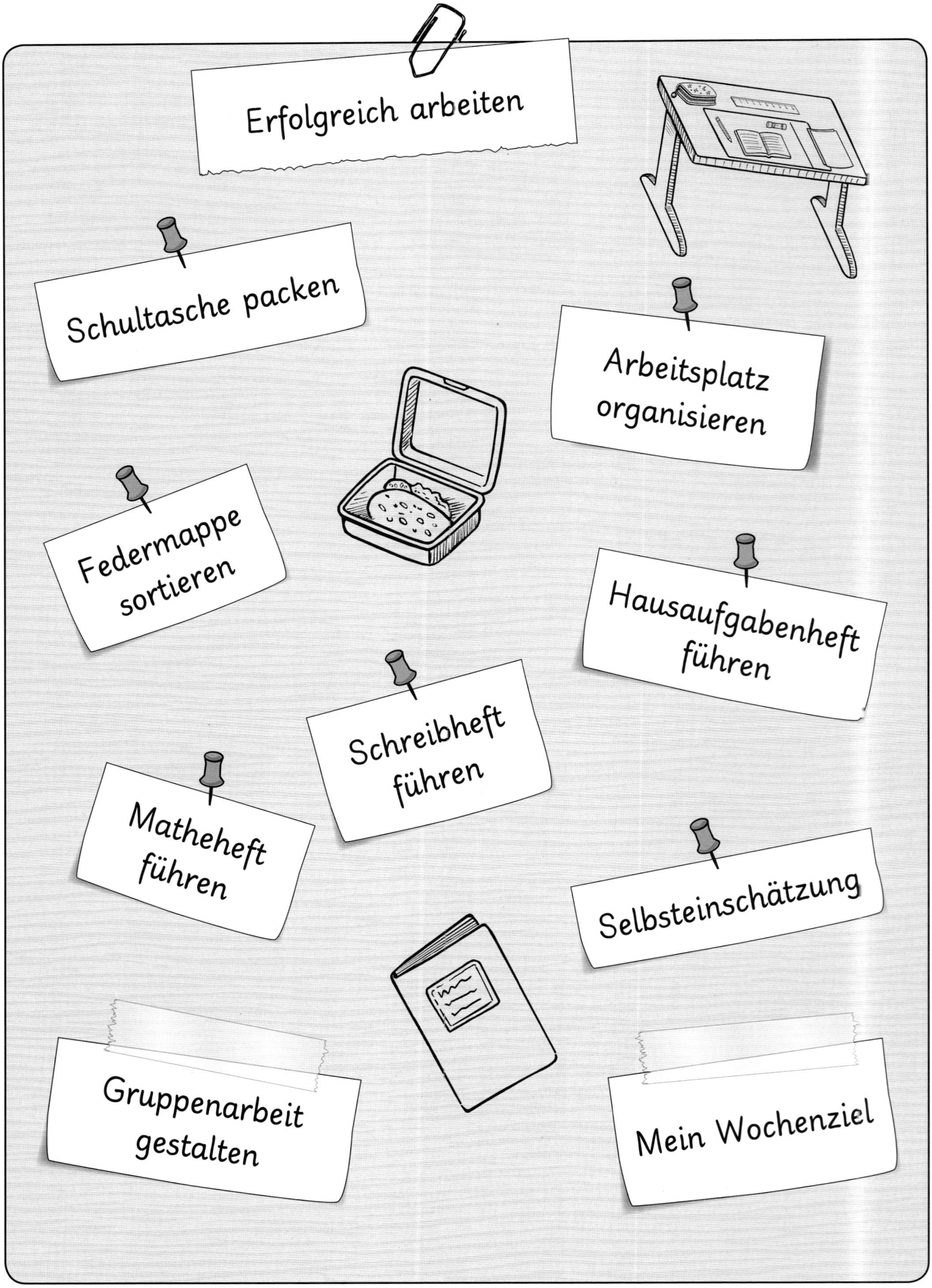

Male die erledigten Aufgaben an.

Wort- und Satzarten

Streitsituationen erkennen

Streit lösen

Kompromisse eingehen

Streit beenden

Streit vermeiden

Rücksicht nehmen

Anderen helfen

Komplimente geben

Auf andere achten

Male die erledigten Aufgaben an.

Stärken und Schwächen

Selbstporträt malen

Besonderheiten entdecken

Eigenschaften erkunden

Stolz sein

Möglichkeiten entdecken

Änderungswünsche festlegen

Hürden erkennen

Male die erledigten Aufgaben an.

Rückblick und Vorsätze

- Lernerfolge und -hürden reflektieren
- Lernziele festlegen
- Konzentrationshilfen und Ablenkung reflektieren
- Konzentration verbessern
- Änderungswünsche formulieren
- Freude und Ärger reflektieren
- Dinge beibehalten
- Nächstes Schuljahr
- Merkzettel erstellen

Male die erledigten Aufgaben an.

Jederzeit optimal vorbereitet in den Unterricht?